AF343124

DECLARATION

DV ROY, PORTANT

establissement d'vn Greffier des Affirmations en chacune Esle-ction de ce Royaume, auec pou-uoir de receuoir les droicts de ve-rification & signature de Roolles des Esleus, & attribution de quatre deniers pour liure de toutes leuees, tant ordinaires qu'extraordinaires.

Verifiée en la Cour des Aydes, le iiij. May 1621.

A PARIS,

Par FED. MOREL, & P. METTAYER, Imprimeurs ordinaires du Roy.

M. DCXXI.

Auec Priuilege de sa Maiesté.

LOVIS PAR
LA GRACE DE
DIEV, ROY
DE FRANCE ET
DE NAVARRE,
A tous ceux qui
ces presentes let-
tres verront, Salut. Encore que
nos predecesseurs Roys, mesme
le feu Roy nostre tres-honoré
Seigneur & Pere d'heureuse me-
moire, que Dieu absolue, ayent
pour le bien & soulagement de

A ij

3

DECLARATION DV ROY,
portant establissement d'vn Greffier des Af-
firmations en chacune Eslection de ce Royau-
me, auec pouuoir de receuoir les droicts de ve-
rification & signature de Roolles des Esleus,
& attribution de quatre deniers pour liure de
toutes leuees, tant ordinaires qu'extraordi-
naires.

OVIS PAR
LA GRACE DE
DIEV, ROY
DE FRANCE ET
DE NAVARRE,
A tous ceux qui
ces presentes let-
tres verront, Salut. Encore que
nos predecesseurs Roys, mesme
le feu Roy nostre tres-honoré
Seigneur & Pere d'heureuse mé-
moire, que Dieu absolue, ayent
pour le bien & soulagement de

A ij

nos subjects faict plusieurs Edicts
& Reglemens sur les droicts des
Officiers des Ellections, & parti-
culierement pour la perception
de leurs droicts de verification &
signatures de Roolles : Neant-
moins, nous sommes bien ad-
uertis que lesdits Officiers con-
traignent les Collecteurs des Tailles, de leur payer par aduance
tous lesdits droicts pour toute
l'annee de la verification d'iceux,
auparauant que lesdits Collecteurs
ayent leué aucune chose, quoy
que les droicts ne se payent par
les contribuables aux Tailles, que
de quartier en quartier, & bien
souuent long temps apres le quartier escheu, voire que la pluspart
desdits Officiers exigent desdits
Collecteurs plus grandes sommes

de deniers que ce qui leur est atri-
bué par lesdits Reglemens. A
quoy desirans remedier au soula-
gemét desdits Collecteurs, & aussi
pour empescher à l'aduenir les a-
bus, falsifications & exactions qui
se commettét par plusieurs desdits
Collecteurs, en ce qu'apres que les
Roolles desdites Tailles leur sont
deliurez, ils s'accommodent auec
aucuns Commissaires des Parois-
ses, & adioustent aux taxes des
contribuables plus grandes sommes de deniers que celles ausquelles ils ont esté cottisez, leuant par
ce moyen plus que la somme
contenue és Commissions des Officiers de nosdites Elections : ce
qui est d'autant plus facile à faire,
& difficile à descouurir, qu'apres
que lesdits Roolles & Commis-

fions leur ont esté deliurées, ils ne
les representent plus. A CES
CAVSES, & par ce qu'il ne se
peut trouuer vn plus asseuré
moyen pour reprimer les susdits
desordres, que d'establir en chacune Election de ce Royaume,
quelque personne qui puisse veil-
ler au soulagement de nostre peu-
ple: & bien memoratifs, que par
Edict verifié en nostre Parlement de Paris, le vingt-vniesme
iour de May, mil cinq cens quatre
vingts dix-sept, ont esté des-ja
creez des Greffiers des affirmations, auec pouuoir & function
telle qu'il peut estre facilement
pourueu àtout ce que dessus. Apres
auoir mis cet affaire en delibera-
tion de nostre Conseil, où estoient
aucuns Princes de nostre Sang,

autres Princes Officiers de nostre
Couronne, & Seigneurs de nostre
dit Conseil: DE L'ADVIS d'iceluy,
& de nos certaine science, plene
puissance, & auctorité Royale,
Auons dict, declaré, & ordonné,
disons, declarons & ordonnons
par ces presentes, signées de nostre
main, Voulons & Nous plaist,
qu'en consequence dudit Edict,
il sera estably en chacune Esle-
ction de cestuy nostre Royaume,
vn Greffier des Affirmations pour
en iouïr aux droicts attribuez par
iceluy Edict de creation d'iceux,
auec pouuoir & function de receuoir par les mains des Collecteurs de nos Tailles, les droicts
de verification & signatures de
Roolles attribuez aux Officiers
d'icelles, pour leur estre payez

par ledit Greffier de quartier en
quartier, ainsi qu'ils les auront
receus. Au payement defquels
droicts lefdits Collecteurs feront
contraincts à la requefte dudit
Greffier, comme pour nos pro-
pres deniers & affaires: Defen-
dant tres-expreſſément aufdits
Officiers de plus receuoir à l'aduenir aucune chofe defdits droicts
d'iceux Collecteurs, à peine de
concuſſion, & priuation de leurs
charges. Aufquels Collecteurs eſt
enjoinct qu'apres que la collecte
de nos deniers fera entierement
faicte, ils ayent à porter ou en-
uoyer és mains dudit Greffier des
Affirmations dans le fecond quartier de l'annee fuyuante qu'ils feront fortis de charge, tous les
Roolles de nofdites Tailles &
Commiſ-

9

Commissions des Esleus , afin de
recognoistre s'il aura esté aug-
menté aux taxes des contribuables, & leué plus grandes sommes
de deniers que celles contenues
esdites Cômissions. Auquel Greffier pour les peines & vacations
qu'il aura en l'exercice de ladite
charge & recepte desdits droicts,
Nous auons attribué & attribuons
quatre deniers pour liure de toutes leuees , tant ordinaires qu'extraordinaires, qui se leuent & le-
ueront cy apres , sans toutesfois
que nous voulions augmenter
lesdites leuees pour le payement
de ladite attribution, ny charger
nos subjects, mais seulement di-
straire comme nous distrayons
les deux deniers des huict deniers
pour liure, qui ont esté cy deuant

B

attribuez aux Sergens Royaux,
Collecteurs d'icelles creez par noftre Edict du mois.
dernier, auquel nous auons pour
ce regard derogé & derogeons
par ces prefentes, & deux autres
deniers fur noftre fonds, Lefquels
quatre deniers feront mis par lefdits Collecteurs és mains defdits
Greffiers des Affirmations fur
leurs fimples quittances, pour en
ioüir par les acquereurs d'iceux
hereditairement & leurs fuccef-
feurs, comme de leur propre &
loyal acqueft.

SI DONNONS en mande-
ment à nos amez & feaux Con-
feillers, les gens tenans noftre
Cour des Aydes à Paris, que ces
prefentes ils façent regiftrer, gar-
dent, obferuent, & entretiennent

ıſ

& façent garder, obſeruer & en-
tretenir: & du contenu en icelles,
ioüir & vſer les pourueuz deſdits
offices de Greffiers des Affirmations, plenement & paiſiblement:
Ceſſans & faiſans ceſſer tous trou-
bles & empeſchemens au contrai-
re, nonobſtant oppoſitions ou
appellations quelſconques, la co-
gnoiſſance deſquelles ſi aucunes
interuiennent, Nous auons re-
tenu & reſerué, retenons & reſer-
uons à nous & à noſtredit Conſeil,
& icelle interdite & defendue, in-
terdiſons & defendons à toutes
nos Cours & Iuges quelſconques:
CAR tel eſt noſtre plaiſir, nonobſtant comme deſſus, & quels-
conques Edicts, Ordonnances,
Reglemens, Mandemens, De-
fenſes, & Lettres à ce contraires.

A quoy & à la derogatoire de la derogatoire y contenuë, Nous auons derogé & derogeons par cesdites presentes. Ausquelles, En tesmoing de ce, Nous auons faict mettre & apposer nostre scel.

DONNE' à Fontainebleau le vingt-septiesme iour d'Auril, l'an de grace mil six cens vingt-vn. Et de nostre regne le vnziesme.

Signé,   LOVIS.

Et sur le reply, Par le Roy,
PHELIPPEAVX.

Et scellé sur double queüe du grand sceau en cire iaulne.
Et sur ledit reply est encores escrit,

Leu, publié & registré en la Cour des Aydes, par le commandement du Roy, porté par Monsieur frere du Roy venu

exprés en ladite Cour, aßisté des Sieurs
Dornano, de Chasteau-neuf, *&*
Ieannin, Conseillers au Conseil d'Estat
de sa Majesté, Ouy *&* consentant le
Procureur general. A Paris en ladite
Cour des Aydes les Chambres assem-
blees, le quatriesme May, mil six
cens vingt-un.

Signé, **PAVLMIER.**

Collationné à l'original, par moy Conseiller,
Notaire & Secretaire du Roy.

Sommaire du Priuilege.

PAR Lettres patentes du Roy, données à Paris le vingt-deuxiesme iour de Feurier, mil six cens vingt, signees LOVIS, & sur le reply, Par le Roy, DE LOMENIE, & scellees du grand scel dudit Seigneur, en cire iaulne, sur double queüe: verifiées, tant en la Cour de Parlement, Chambre des Comptes, Cour des Aydes, Chastelet de Paris, qu'au Bailliage du Palais: Il est permis à Federic Morel, & Pierre Mettayer ses Imprimeurs ordinaires, d'imprimer, ou faire imprimer, vendre & debiter tous Edicts, Ordonnances, Mandemens, Lettres patentes, comme aussi tous Arrests, tant de son Conseil, que de ses Cours, sans qu'autres Libraires & Imprimeurs les puissent imprimer ne faire imprimer, vendre ne distribuer, en quelque sorte & maniere que ce soit, sur peine de cinq cens liures d'amende. Voulant au surplus, que tout ce qui se trouuera imprimé de ce que dessus, par autres que lesdits Morel & Mettayer, soit saisi & cancelé comme nul & faulx, & faict contre son auctorité & commandement.

Sommaire du Privilege

PAR Lettres patentes du Roy, données à Paris le vingt-deuxiesme iour de Feurier, mil sixcens vingt, signées LOVIS, & fur le reply, Par le Roy, DE LOMENIE, & scellées du grand feel dudit Seigneur, en cire iaulne, sur double queue: verifiées, tant en la Cour de Parlement, Chambre des Comptes, Cour des Aydes, Chaftelet de Paris, qu'au Bailliage du Palais: Il est permis à Federic Morel, & Pierre Mettayer les Imprimeurs ordinaires, d'imprimer, ou faire imprimer, vendre & debiter tous Edicts, Ordonnances, Mandemens, Lettres patentes, comme aussi tous Arrests, tant de son Conseil, que de ses Cours: sans qu'autres Libraires & Imprimeurs puissent imprimer ne faire imprimer, vendre ne distribuer, en quelque sorte & maniere que ce soit, sur peine de cinq cens liures d'amende. Voulant au surplus, que tout ce qui se trouvera imprimé de ce que dessus, par autres que lesdits Morel & Mettayer, soit saisi & cancelé comme nul & faulx, & fait contre son authorité & commandement.